Impressum
Verlag: BABADADA GmbH, Nedderfeld 112 , 22529 Hamburg
Geschäftsführer / Verlagsleitung: Harald Hof
Druck: Books on Demand GmbH, In de Tarpen 42, 22848 Norderstedt

Imprint
Publisher: BABADADA GmbH, Nedderfeld 112 , 22529 Hamburg, Germany
Managing Director / Publishing direction: Harald Hof
Print: Books on Demand GmbH, In de Tarpen 42, 22848 Norderstedt, Germany

kool

学校

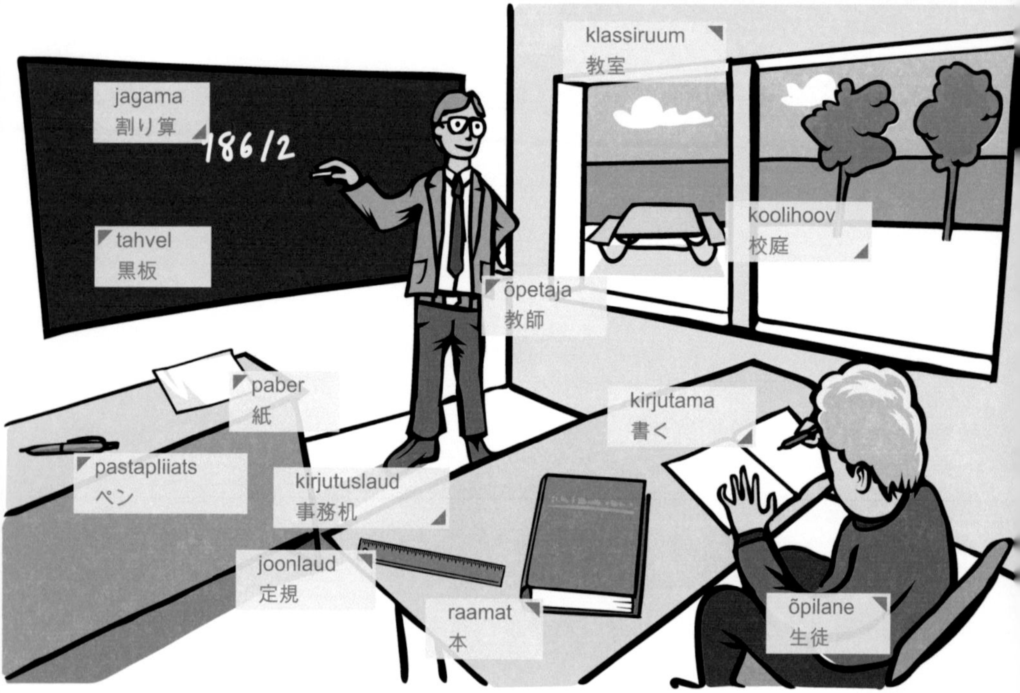

klassiruum
教室
jagama
割り算
186/2
tahvel
黒板
koolihoov
校庭
õpetaja
教師
paber
紙
kirjutama
書く
pastapliiats
ペン
kirjutuslaud
事務机
joonlaud
定規
raamat
本
õpilane
生徒

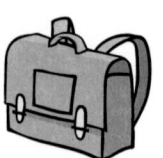

koolikott
ランドセル

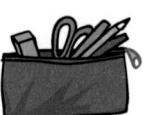

pinal
筆入れ

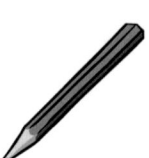

harilik pliiats
鉛筆

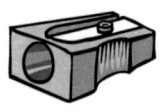

pliiatsiteritaja
鉛筆削り

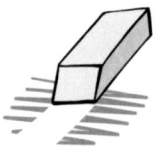

kustukumm
消しゴム

joonistusplokk
スケッチブック

joonistus

スケッチ

pintsel

絵筆

värvikarp

絵の具箱

käärid

はさみ

liim

接着剤

töövihik

練習帳

kodutöö

宿題

12

number

数

2+2

liitma

足し算

5-2

lahutama

引き算

2✕2

korrutama

かけ算

arvutama

計算する

A

täht

文字

ABCDEFG
HIJKLMN
OPQRSTU
VWXYZ

tähestik

アルファベット

sõna

単語

tekst

テキスト

lugema

読む

kriit

チョーク

koolitund

授業

klassipäevik

学級日誌

eksam

試験

tunnistus

通知表

koolivorm

制服

haridus

教育

entsüklopeedia

百科事典

ülikool

大学

mikroskoop

顕微鏡

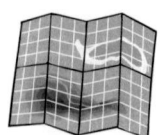

kaart

地図

paberikorv

ごみ箱

reisimine
旅行

hotell
ホテル
Grand
hostel
ホステル
ROOMS
EXCHANGE
valuutavahetuspunkt
両替所
kohver
スーツケース
auto
自動車

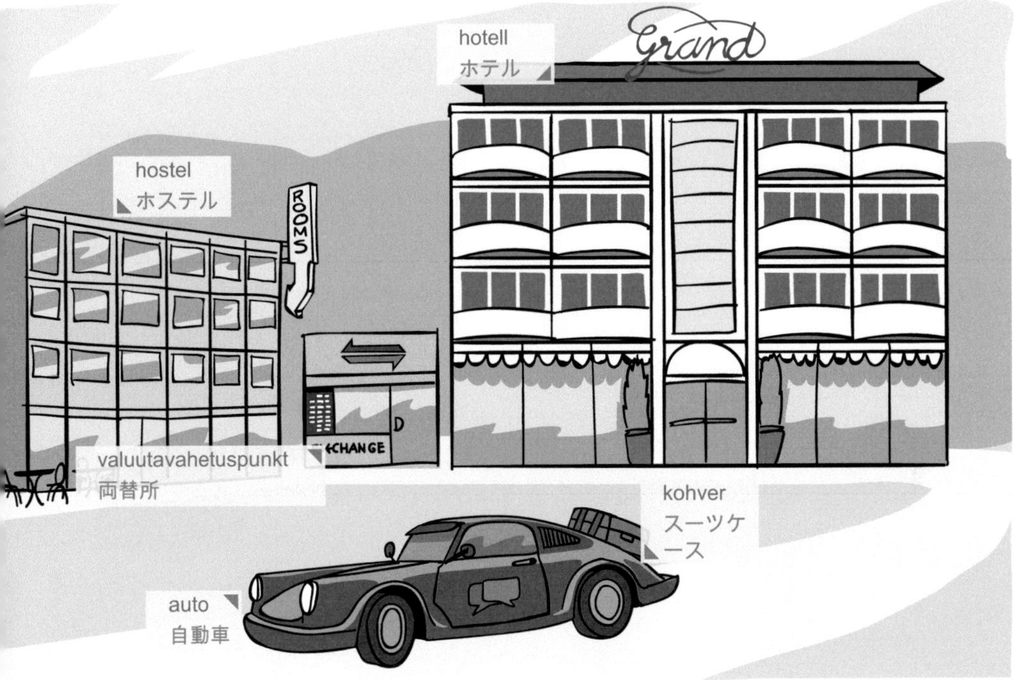

keel
言語

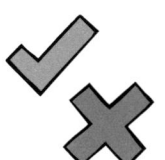

jah / ei
はい / いいえ

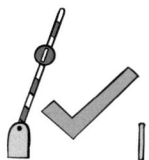

okei
問題ない

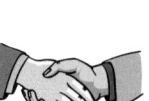

Tere!
ハロー

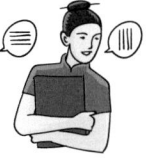

tõlk
翻訳者

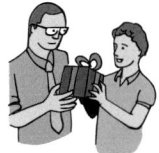

Aitäh!
ありがとう

Kui palju maksab …?

…はいくらですか？

Ma ei saa aru

わかりません

probleem

問題

Tere õhtust!

こんばんは！

Tere hommikust!

おはようございます！

Head ööd!

おやすみなさい！

Head aega!

さようなら

suund

方向

pagas

手荷物

kott

バッグ

seljakott

リュックサック

külaline

お客様

tuba

部屋

magamiskott

寝袋

telk

テント

turismiinfo

旅行者情報

rand

ビーチ

krediitkaart

クレジットカード

hommikusöök

朝食

lõunasöök

昼食

õhtusöök

夕食

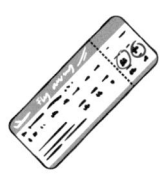

pilet

チケット

lift

エレベーター

postmark

スタンプ

riigipiir

境界

toll

税関

saatkond

大使館

viisa

ビザ

pass

パスポート

transport

輸送

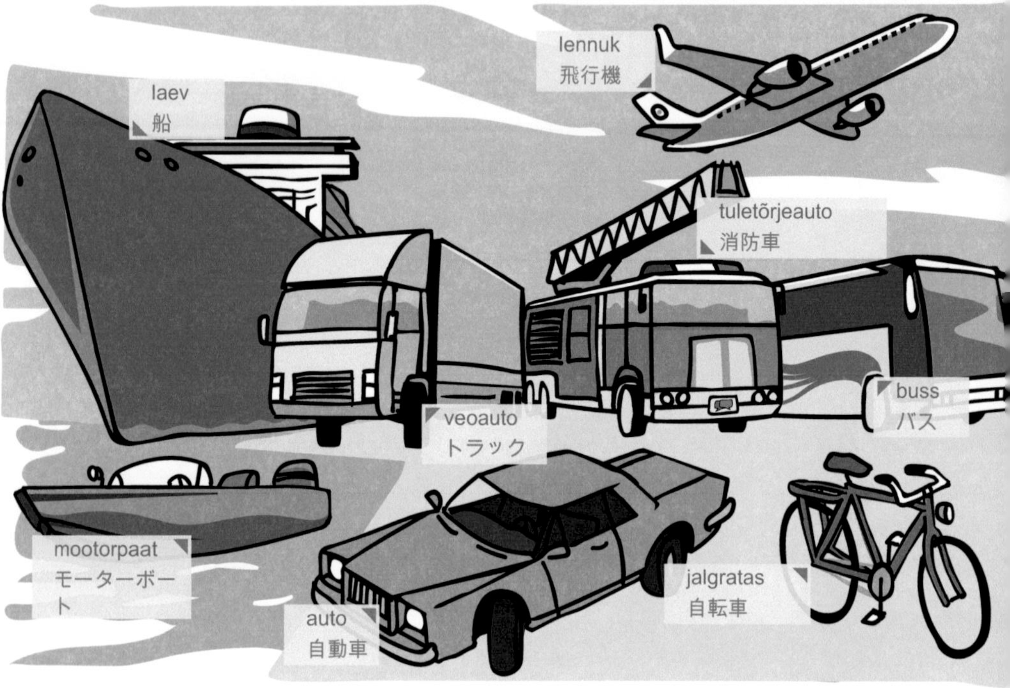

lennuk
飛行機
laev
船
tuletõrjeauto
消防車
buss
バス
veoauto
トラック
mootorpaat
モーターボート
jalgratas
自転車
auto
自動車

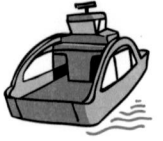

praam

フェリー

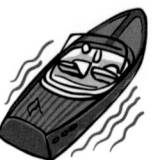

paat

ボート

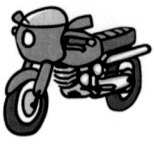

mootorratas

バイク

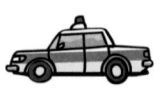

politseiauto

パトカー

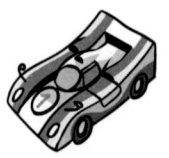

võidusõiduauto

レーシングカー

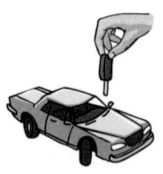

rendiauto

レンタカー

ühisauto

カーシェアリング

puksiirauto

レッカー車

prügiauto

ごみ収集車

mootor

モーター

kütus

燃料

tankla

ガソリンスタンド

liiklusmärk

交通標識

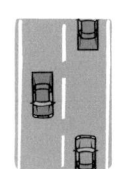

liiklus

交通

liiklusummik

渋滞

parkla

駐車場

raudteejaam

駅

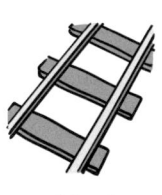

rööpad

道

rong

列車

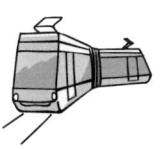

tramm

路面電車

vagun

車両

helikopter

ヘリコプター

lennujaam

空港

torn

タワー

reisija

乗客

konteiner

コンテナ

pappkast

段ボール箱

käru

カート

korv

カゴ

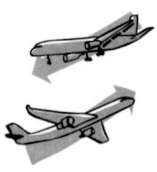

õhku tõusma / maanduma

離陸 / 着陸

linn

都市

küla

村

kesklinn

都心

maja

家

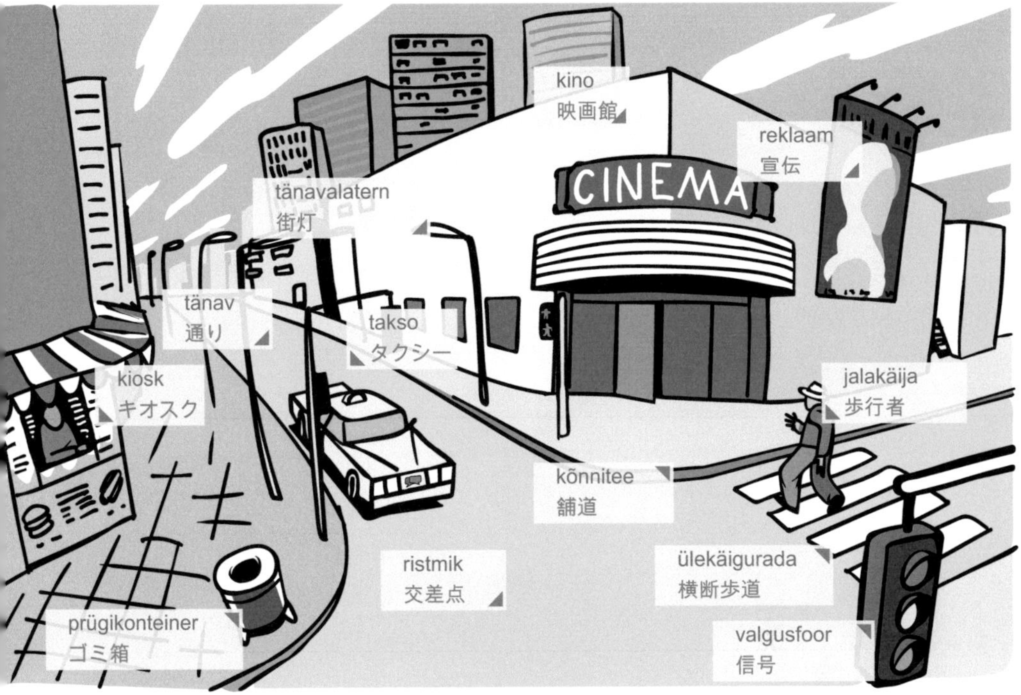

kino
映画館
CINEMA
reklaam
宣伝
tänavalatern
街灯
tänav
通り
takso
タクシー
kiosk
キオスク
jalakäija
歩行者
kõnnitee
舗道
ristmik
交差点
ülekäigurada
横断歩道
prügikonteiner
ゴミ箱
valgusfoor
信号

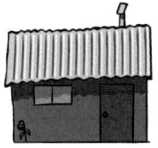

osmik

小屋

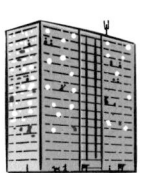

kortermaja

アパート

raudteejaam

駅

raekoda

市役所

MUSEUM

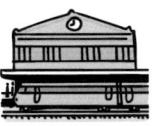

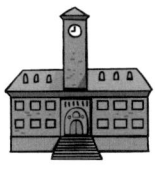

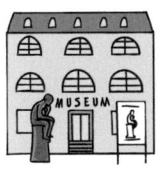

muuseum

美術館

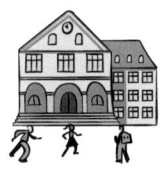

kool

学校

ülikool

大学

pank

銀行

haigla

病院

hotell

ホテル

apteek

薬局

kontor

オフィス

raamatupood

書店

kauplus

ショップ

lillepood

花屋

supermarket

スーパーマーケット

turg

市場

kaubamaja

デパート

kalapood

魚屋

kaubanduskeskus

ショッピングセンター

sadam

港

park

公園

pink

ベンチ

sild

橋

trepp

階段

metroo

地下鉄

tunnel

トンネル

bussipeatus

バス停

baar

バー

restoran

レストラン

postkast

ポスト

tänavasilt

道路標識

parkimisautomaat

パーキングメーター

loomaaed

動物園

ujula

スイミングプール

mošee

モスク

talu

農場

reostus

汚染

surnuaed

墓地

kirik

教会

mänguväljak

遊び場

tempel

寺

maastik

風景

leht
葉

teeviit
道標

tee
道

aas
草地

matkaja
ハイカー

kivi
石

puu
木

jõgi
川

rohi
草

lill
花

org

谷

mägi

山

järv

湖

mets

森

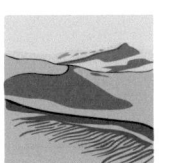

kõrb

砂漠

vulkaan

火山

linnus

城

vikerkaar

虹

seen

キノコ

palm

ヤシの木

sääsk

蚊

kärbes

ハエ

sipelgas

蟻

mesilane

ミツバチ

ämblik

クモ

mardikas

カブトムシ

konn

蛙

orav

リス

siil

ハリネズミ

jänes

ウサギ

öökull

フクロウ

lind

鳥

luik

白鳥

metssiga

雄豚

hirv

鹿

põder

ヘラジカ

pais

ダム

tuuleturbiin

風力タービン

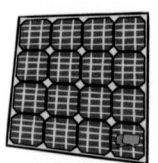

päikesepaneel

ソーラーパネル

kliima

気候

restoran
レストラン

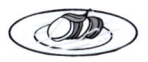

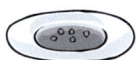

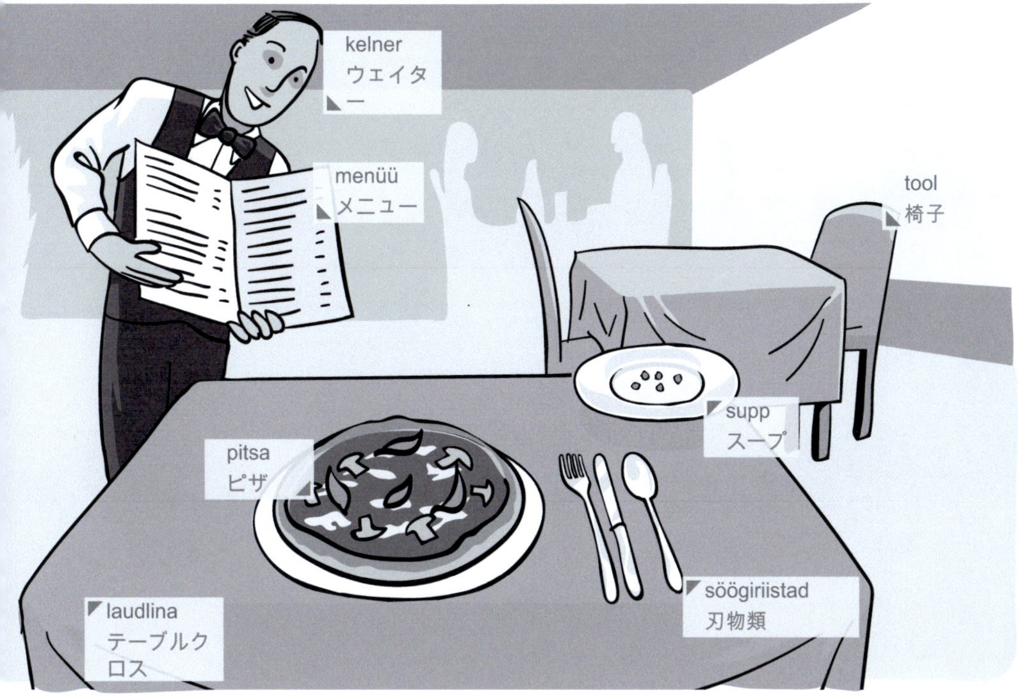

kelner
ウェイター
menüü
メニュー
tool
椅子
supp
スープ
pitsa
ピザ
söögiriistad
刃物類
laudlina
テーブルクロス

eelroog

前菜

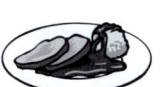

pearoog

メインコース

magustoit

デザート

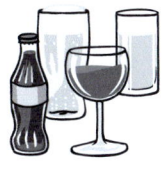

joogid

飲み物

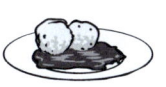

toit

食べ物

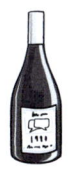

pudel

ボトル

kiirtoit

ファストフード

tänavatoit

屋台の食べ物

teekann

ティーポット

suhkrutoos

砂糖入れ

portsjon

一人前

espressomasin

エスプレッソマシン

lastetool

幼児用食事椅子

arve

請求書

kandik

トレー

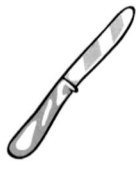

nuga

ナイフ

kahvel

フォーク

lusikas

スプーン

teelusikas

ティースプーン

salvrätik

ナプキン

klaas

グラス

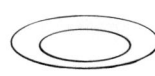

taldrik

皿

supitaldrik

スープ皿

alustass

受け皿

kaste

ソース

soolatoos

塩入れ

pipraveski

ペッパーミル

äädikas

酢

õli

油

vürtsid

スパイス

ketšup

ケチャップ

sinep

マスタード

majonees

マヨネーズ

supermarket
スーパーマーケット

eripakkumine
特価品
FOR
klient
顧客
piimatooted
乳製品
puuviljad
果物
ostukäru
ショッピング
・カート

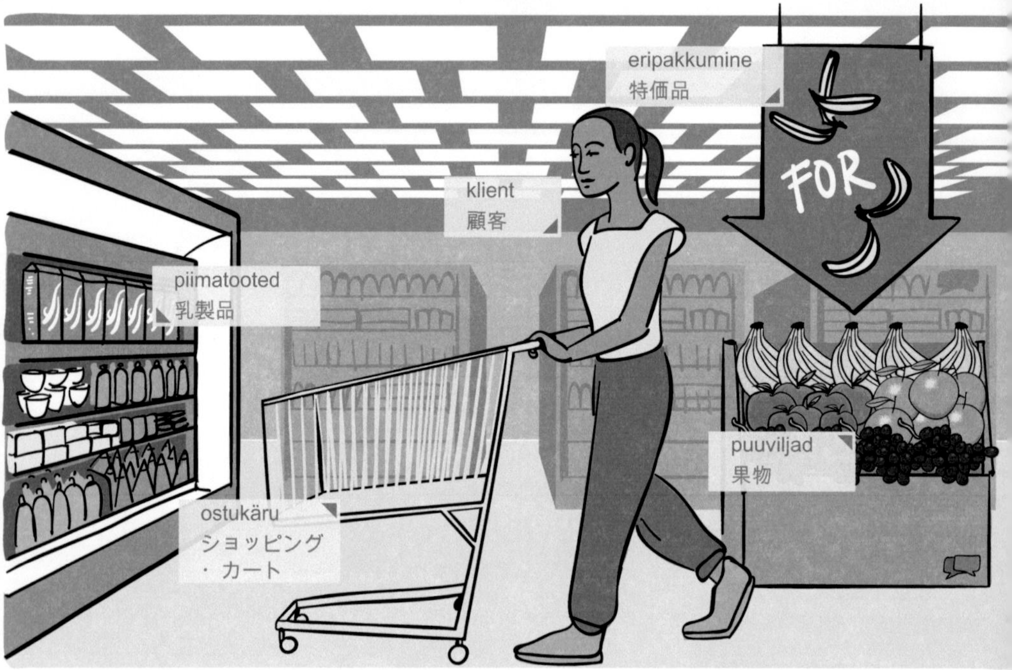

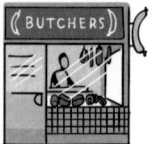

BUTCHERS
lihapood
肉屋

BAKERY
pagariäri
パン屋

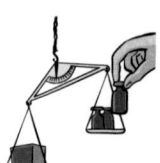

kaaluma
重さをはかる

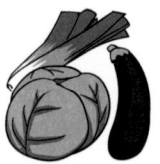

köögiviljad
野菜

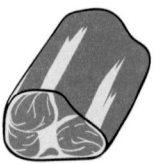

liha
肉

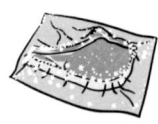

külmutatud toit
冷凍食品

lihalõigud

冷肉の薄切り

konservid

缶詰食品

pesupulber

洗剤

maiustused

菓子

majatarbed

家庭用品

puhastustooted

清掃用品

müüja

販売員

kassaaparaat

現金箱

kassapidaja

レジ係

ostunimekiri

買い物リスト

lahtiolekuajad

開館時刻

rahakott

財布

krediitkaart

クレジットカード

kott

バッグ

kilekott

ポリ袋

vesi

水

mahl

ジュース

piim

牛乳

koola

コーラ

vein

ワイン

õlu

ビール

alkohol

アルコール

kakao

ココア

tee

紅茶

kohv

コーヒー

espresso

エスプレッソ

cappuccino

カプチーノ

banaan

バナナ

õun

リンゴ

apelsin

オレンジ

arbuus

メロン

sidrun

レモン

porgand

ニンジン

küüslauk

ニンニク

bambus

竹

sibul

玉ねぎ

seen

キノコ

pähklid

ナッツ

nuudlid

ヌードル

spagetid

スパゲッティ

riis

米

salat

サラダ

friikartulid

フライドポテト

praekartulid

フライドポテト

pitsa

ピザ

hamburger

ハンバーガー

võileib

サンドウィッチ

šnitsel

カツレツ

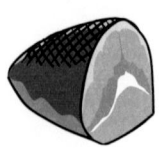

sink

ハム

salaami

サラミ

vorst

ソーセージ

kana

鶏肉

praeliha

焼き

kala

魚

kaerahelbed

麦のお粥

müsli

ムーズリ

maisihelbed

コーンフレーク

jahu

小麦粉

sarvesai

クロワッサン

kukkel

ロールパン

leib

パン

röstsai

トースト

küpsised

ビスケット

või

バター

kohupiim

カッテージチーズ

kook

ケーキ

muna

卵

praemuna

目玉焼き

juust

チーズ

jäätis

アイスクリーム

suhkur

砂糖

mesi

はちみつ

moos

ジャム

pähklivõie

ヌガークリーム

karri

カレー

talu
農場

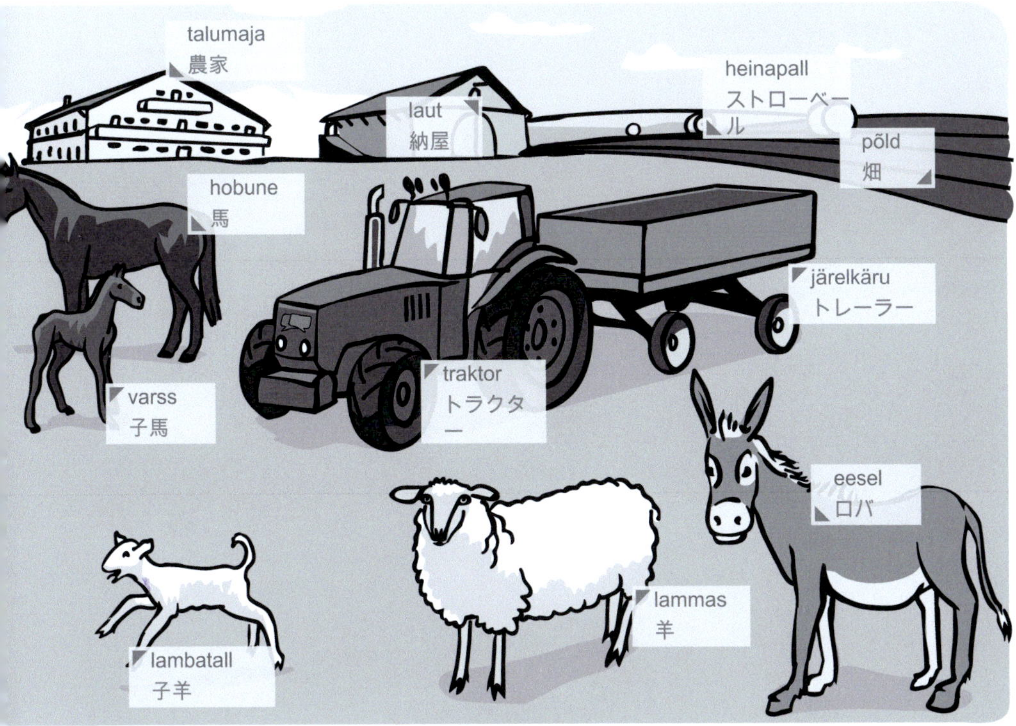

talumaja
農家
laut
納屋
heinapall
ストローベール
põld
畑
hobune
馬
järelkäru
トレーラー
varss
子馬
traktor
トラクター
eesel
ロバ
lammas
羊
lambatall
子羊

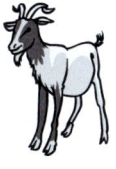

kits
ヤギ

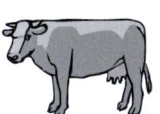

lehm
雌牛

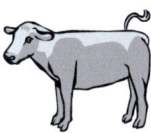

vasikas
子牛

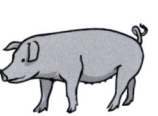

siga
豚

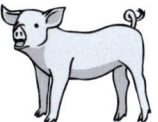

põrsas
子豚

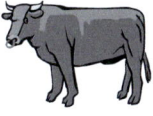

pull
雄牛

hani

ガチョウ

part

アヒル

tibu

ひよこ

kana

にわとり

kukk

おんどり

rott

ネズミ

kass

猫

hiir

ねずみ

härg

雄牛

koer

犬

koerakuut

犬小屋

aiavoolik

散水ホース

kastekann

じょうろ

vikat

大鎌

ader

すき

sirp

草刈り鎌

kõblas

くわ

hang

堆肥用フォーク

kirves

斧

käru

手押し車

küna

かいばおけ

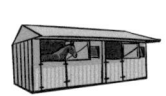

piimanõu

牛乳缶

kott

袋

tara

フェンス

tall

畜舎

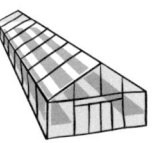

kasvuhoone

温室

muld

土壌

seeme

種

väetis

肥料

kombain

コンバイン

saaki koristama

収穫する

saagikoristus

収穫

jamss

ヤマイモ

nisu

小麦

soja

大豆

kartul

じゃがいも

mais

トウモロコシ

raps

菜種

viljapuu

果樹

maniokk

キャッサバ

teravili

穀物

maja
家

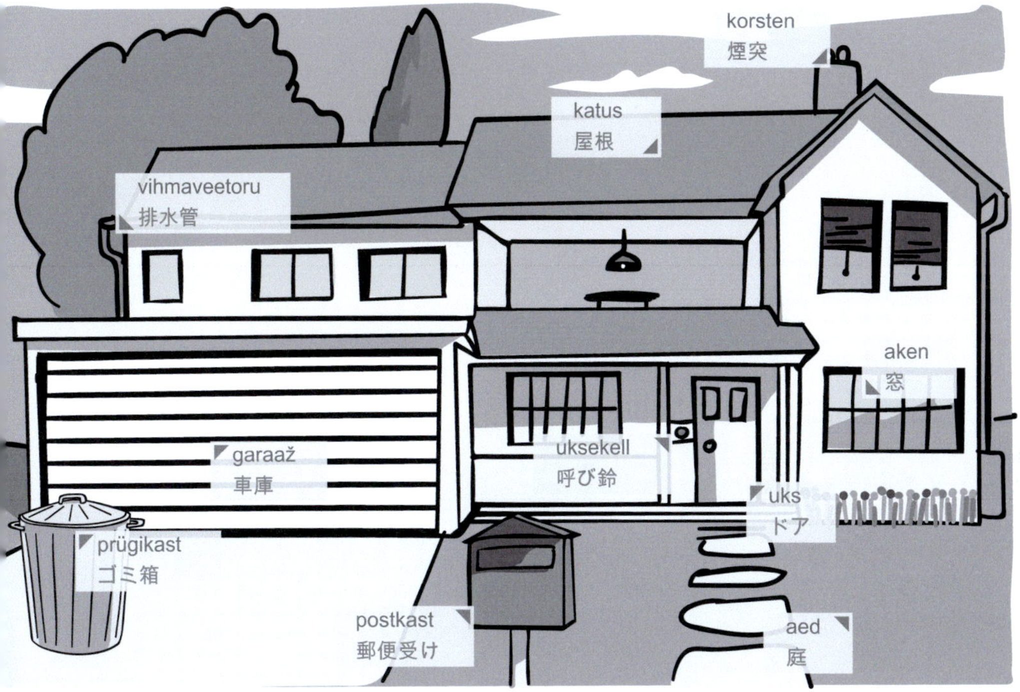
korsten
煙突
katus
屋根
vihmaveetoru
排水管
aken
窓
garaaž
車庫
uksekell
呼び鈴
uks
ドア
prügikast
ゴミ箱
postkast
郵便受け
aed
庭

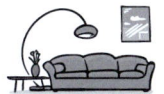

elutuba

リビングルーム

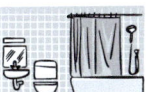

vannituba

浴室

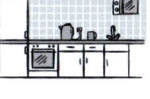

köök

台所

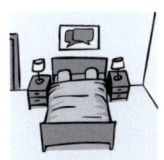

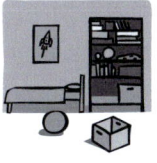

magamistuba

寝室

lastetuba

子供部屋

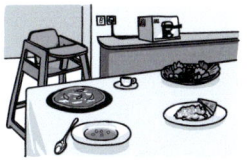

söögituba

ダイニング・ルーム

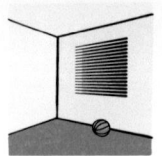

põrand

床

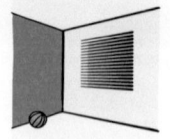

sein

壁

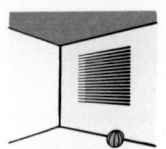

lagi

天井

kelder

地下貯蔵庫

saun

サウナ

rõdu

バルコニー

terrass

テラス

bassein

プール

muruniiduk

芝刈り機

voodilina

シーツ

päevatekk

ベッドカバー

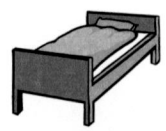

voodi

ベッド

luud

ほうき

ämber

バケツ

lüliti

スイッチ

elutuba

リビングルーム

tapeet
壁紙
pilt
絵
lamp
ランプ
riiul
棚
kapp
食器棚
televiisor
テレビ
kamin
暖炉
lill
花
padi
クッション
diivan
ソファ
vaas
花瓶
kaugjuhtimispult
リモコン

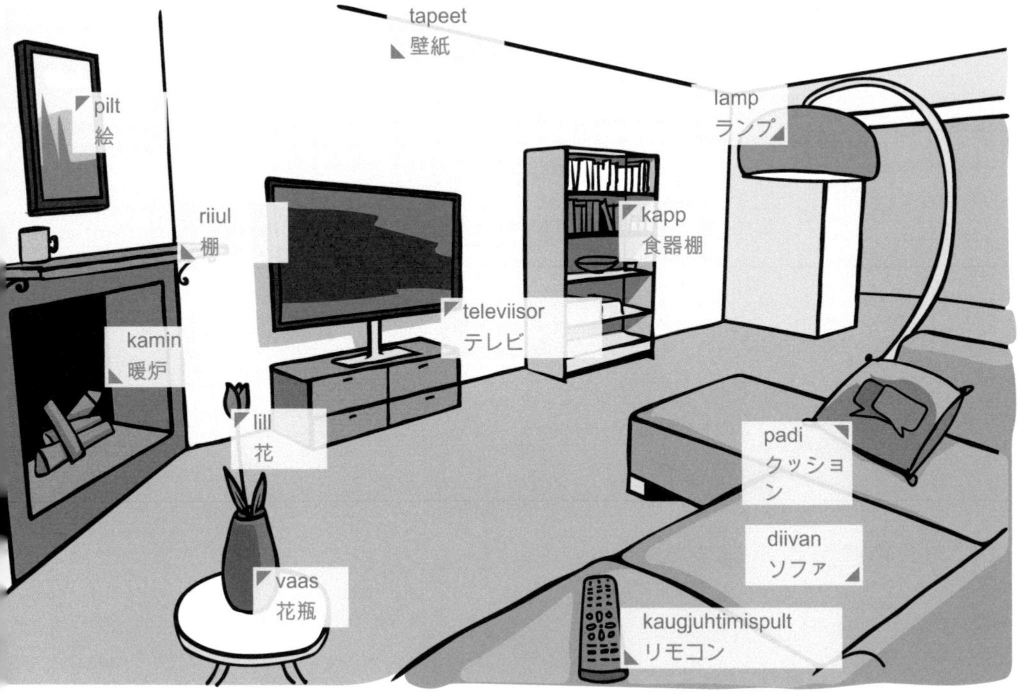

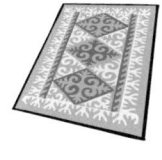

vaip
カーペット

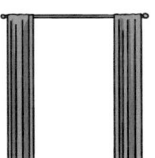

kardin
カーテン

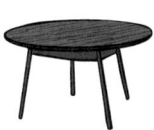

laud
テーブル

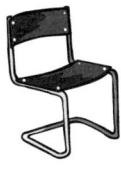

tool
椅子

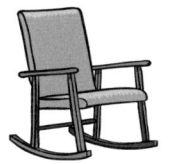

kiiktool
ロッキングチェア

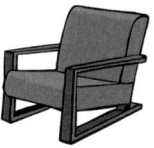

tugitool
ひじ掛け椅子

raamat

本

tekk

毛布

kaunistus

飾り

küttepuud

たきぎ

film

映画

helisüsteem

ステレオ

võti

鍵

ajaleht

新聞

maal

絵画

plakat

ポスター

raadio

ラジオ

märkmik

メモ帳

tolmuimeja

掃除機

kaktus

サボテン

küünal

ろうそく

köök
台所

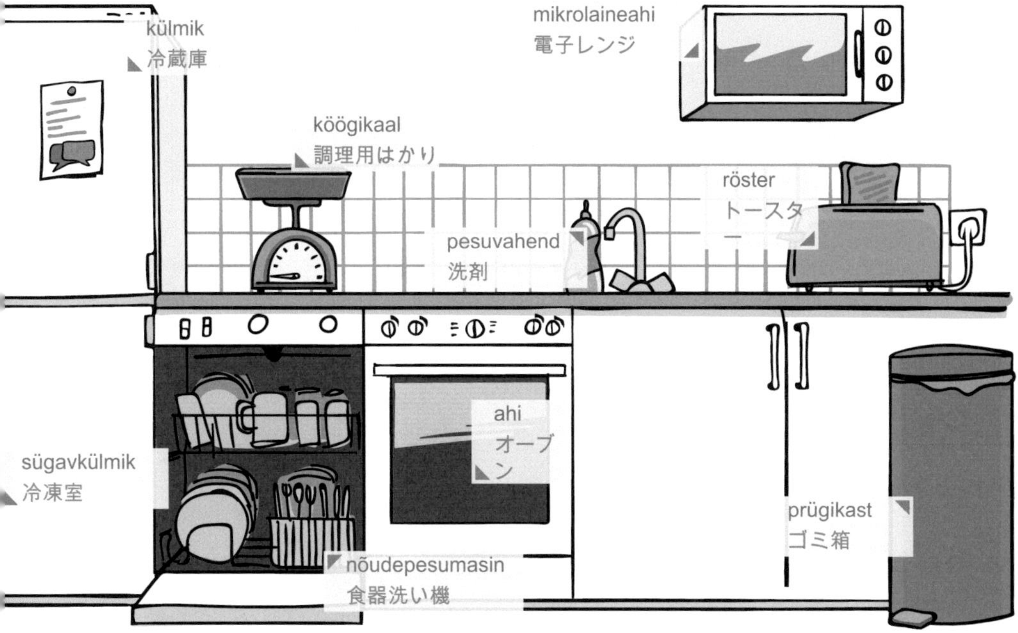

külmik
冷蔵庫
mikrolaineahi
電子レンジ
köögikaal
調理用はかり
röster
トースター
pesuvahend
洗剤
ahi
オーブン
sügavkülmik
冷凍室
prügikast
ゴミ箱
nõudepesumasin
食器洗い機

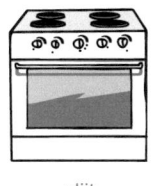

pliit

こんろ

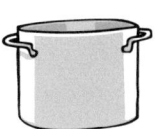

pott

鍋

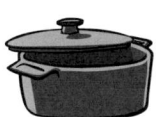

malmpott

鉄鍋

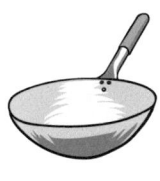

vokkpann

中華鍋/ カダイ鍋

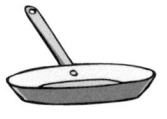

pann

フライパン

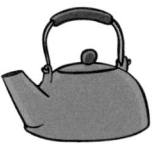

veekeetja

やかん

aurutaja

蒸し器

küpsetusplaat

天板

lauanõud

食器

kruus

マグカップ

kauss

ボウル

söögipulgad

箸

kulp

おたま

pannilabidas

へら

vispel

泡立て器

kurn

こし器

sõel

ふるい

riiv

すりおろし器

uhmer

すり鉢

grill

バーベキュー

lahtine tuli

かまど

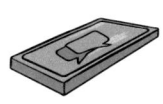

lõikelaud

まな板

tainarull

麺棒

korgitser

栓抜き

konservipurk

缶

konserviavaja

缶切り

pajakinnas

鍋つかみ

kraanikauss

流し

hari

ブラシ

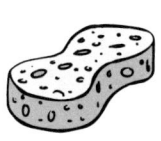

pesukäsn

スポンジ

kannmikser

ミキサー

sügavkülmuti

冷凍庫

lutipudel

哺乳瓶

segisti

蛇口

vannituba

浴室

küte
ヒーター
käterätik
タオル
dušš
シャワー
dušikardin
シャワーカーテン
mullivann
泡風呂
vann
浴槽
klaas
グラス
pesumasin
洗濯機
segisti
蛇口
plaadid
タイル
pissipott
おまる
kraanikauss
流し

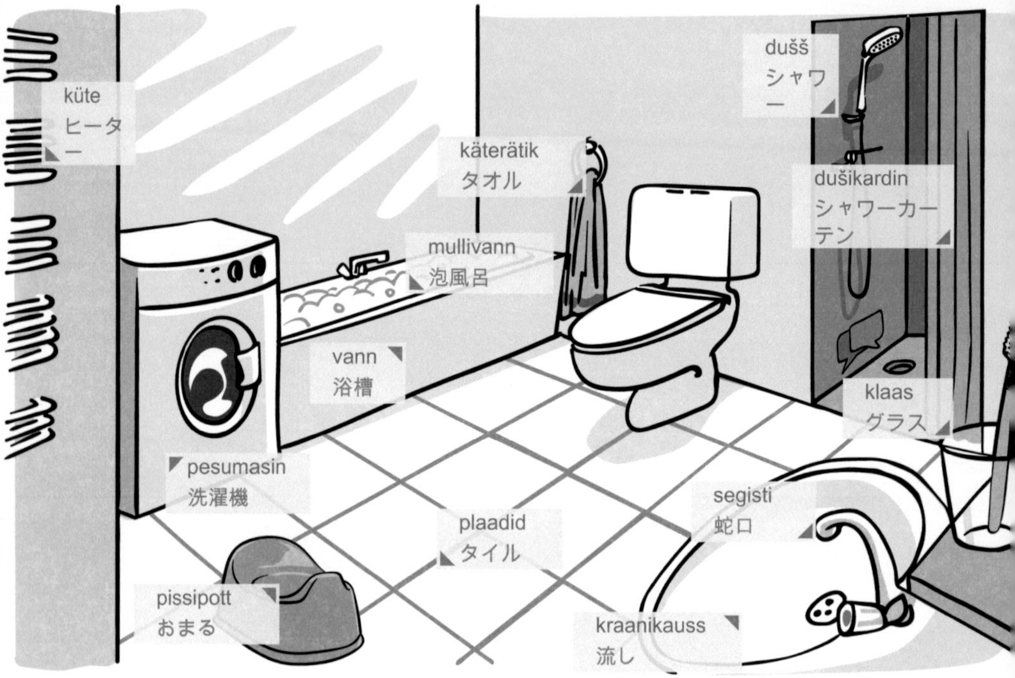

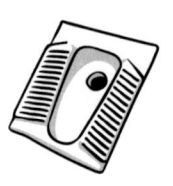

WC-pott

トイレ

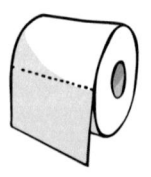

kükitamistualett

和式トイレ

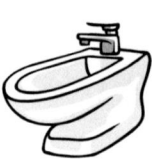

bidee

ビデ

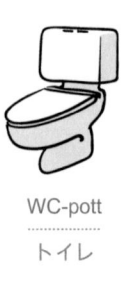

pissuaar

小便器

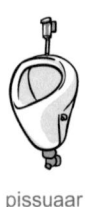

tualettpaber

トイレットペーパー

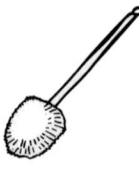

WC-hari

トイレブラシ

hambahari
歯ブラシ

hambapasta
歯みがき

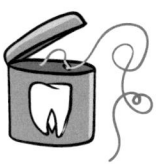

hambaniit
デンタルフロス

pesema
洗う

käsidušš
シャワーヘッド

intiimdušš
ハンドビデ

pesukauss
洗面台

seljahari
ボディブラシ

seep
石鹸

dušigeel
シャワー用ジェル

šampoon
シャンプー

vamm
浴用タオル

äravool
排水口

kreem
クリーム

deodorant
消臭

peegel

鏡

käsipeegel

手鏡

habemenuga

かみそり

raseerimisvaht

シェービング・フォーム

habemevesi

アフターシェーブローション

kamm

櫛

hari

ブラシ

föön

ドライヤー

juukselakk

ヘアスプレー

meigikomplekt

化粧

huulepulk

口紅

küünelakk

マニキュア

vatt

脱脂綿

küünekäärid

爪切り

parfüüm

香水

tualett-tarvete kott

洗面用具入れ

taburet

スツール

kaal

体重計

hommikumantel

バスローブ

kummikindad

ゴム手袋

tampoon

タンポン

hügieeniside

生理用ナプキン

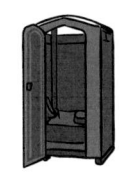

keemiline tualett

ケミカルトイレ

lastetuba

子供部屋

äratuskell
目覚まし時計
pehme mänguasi
ぬいぐるみ
mänguauto
おもちゃの自動車
kõristi
がらがら
nukumaja
ドール・ハウス
kingitus
プレゼント

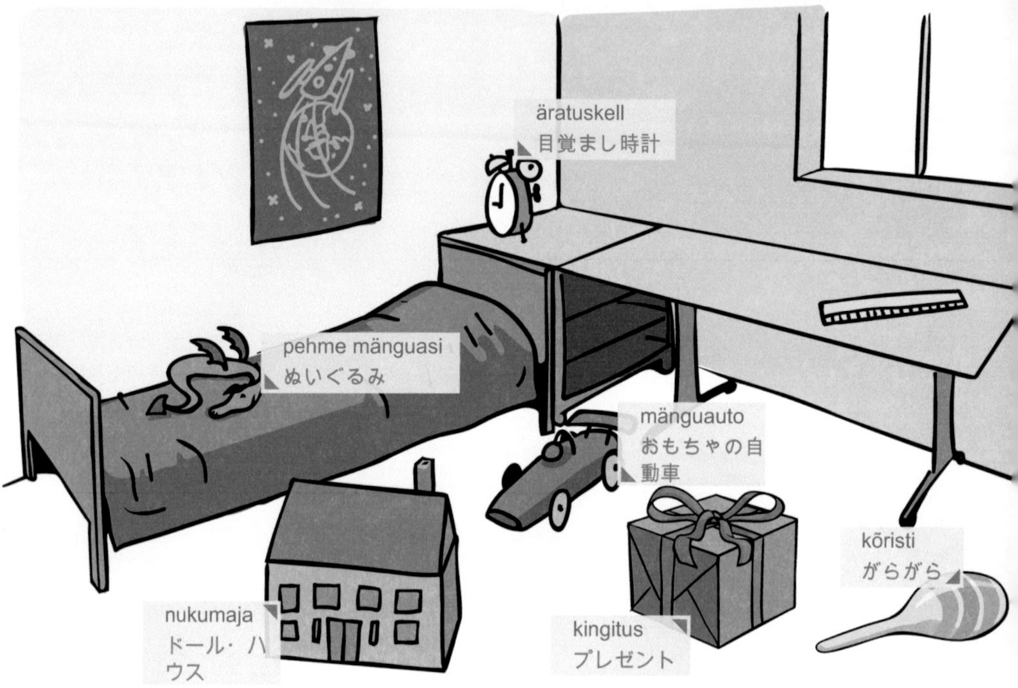

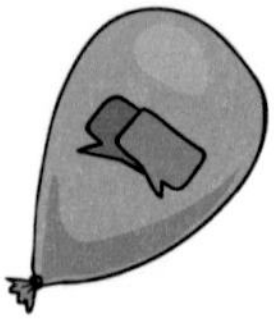

õhupall

風船

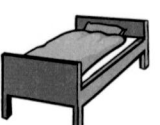

voodi

ベッド

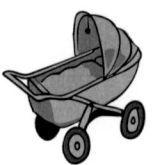

lapsevanker

ベビーカー

kaardipakk

カードゲーム

pusle

ジグソーパズル

SUPER
MEGA

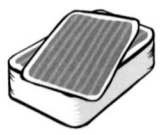

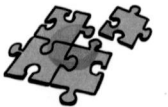

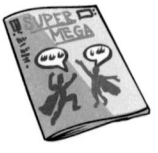

koomiks

漫画

Lego klotsid

レゴ

klotsid

玩具ブロック

kujuke

アクションフィギュア

siputuspüksid

ロンパース

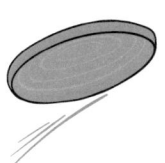

lendav taldrik

フリスビー

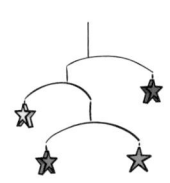

voodikarussell

モバイル

lauamäng

ボードゲーム

täringud

さいころ

mudelrong

鉄道模型

lutt

おしゃぶり

pidu

パーティー

pildiraamat

絵本

pall

ボール

nukk

人形

mängima

遊ぶ

liivakast

砂場

kiik

ブランコ

mänguasjad

おもちゃ

mängukonsool

ゲーム機

kolmerattaline jalgratas

三輪車

mängukaru

テディベア

riidekapp

衣装ダンス

riietus

衣服

sokid

靴下

sukad

ストッキング

sukkpüksid

タイツ

sall
スカーフ

vihmavari
雨傘

T-särk
Tシャツ

vöö
ベルト

saapad
ブーツ

sussid
スリッパ

tossud
スニーカー

sandaalid
サンダル

jalatsid
靴

kummikud
ゴム長靴

aluspüksid
パンツ

rinnahoidja
ブラ

vest
ベスト

bodi

ボディースーツ

püksid

ズボン

teksapüksid

ジーンズ

seelik

スカート

pluus

ブラウス

särk

シャツ

sviiter

セーター

dressipluus

パーカー

bleiser

ブレザー

jakk

ジャケット

mantel

コート

vihmamantel

レインコート

kostüüm

服装

kleit

ドレス

pulmakleit

ウェディングドレス

ülikond

スーツ

öösärk

ナイトガウン

pidžaama

パジャマ

sari

サリー

pearätt

ヘッドスカーフ

turban

ターバン

burka

ブルカ

kaftan

カフタン

abayah

アバヤ

ujumistrikoo

水着

ujumispüksid

トランクス

lühikesed püksid

半ズボン

dressid

スウェットスーツ

põll

エプロン

kindad

手袋

nööp

ボタン

prillid

メガネ

käevõru

ブレスレット

kaelakee

ネックレス

sõrmus

指輪

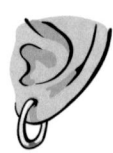

kõrvarõngas

イヤリング

nokamüts

帽子

riidepuu

ハンガー

kaabu

帽子

lips

ネクタイ

tõmblukk

ファスナー

kiiver

ヘルメット

traksid

サスペンダー

koolivorm

制服

vormirõivad

ユニフォーム

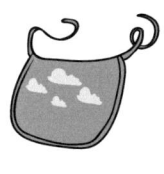

pudipõll

よだれかけ

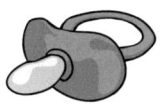

lutt

おしゃぶり

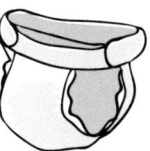

mähe

おむつ

kontor

オフィス

server
サーバ
arhiivikapp
書類キャビネット
printer
プリンター
paber
紙
monitor
モニター
kirjutuslaud
事務机
hiir
マウス
kaust
フォルダー
klaviatuur
キーボード
paberikorv
ごみ箱
tool
椅子
arvuti
コンピューター

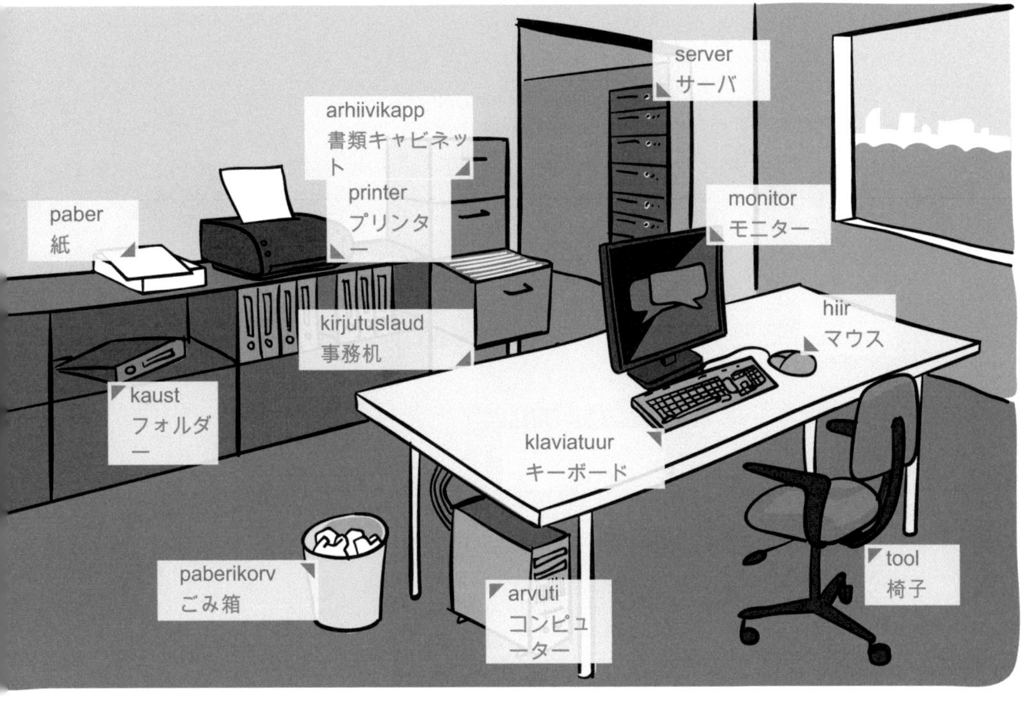

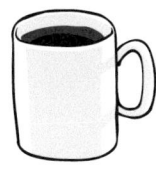

kohvikruus

コーヒーマグ

42

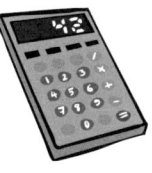

kalkulaator

計算機

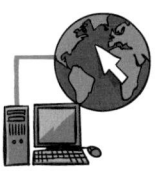

internet

インターネット

sülearvuti

ラップトップ

kiri

手紙

sõnum

メッセージ

mobiiltelefon

携帯電話

võrk

ネットワーク

koopiamasin

コピー機

tarkvara

ソフトウェア

telefon

電話

pistikupesa

コンセント

faksimasin

ファックス

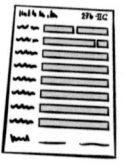

vorm

フォーム

dokument

書類

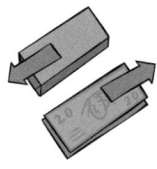

ostma

買う

maksma

支払う

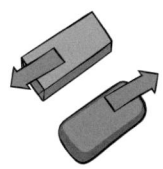

vahetama

取引する

raha

お金

dollar

ドル

euro

ユーロ

jeen

円

rubla

ルーブル

Šveitsi frank

スイスフラン

 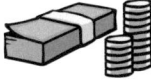

renminbi jüaan

人民元

ruupia

ルピー

sularahaautomaat

キャッシュポイント

valuutavahetuspunkt

両替所

kuld

金

hõbe

銀

nafta

油

energia

エネルギー

hind

価格

leping

契約

maks

税金

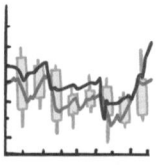

aktsia

株

töötama

働く

töötaja

従業員

tööandja

雇用主

tehas

工場

kauplus

ショップ

ametid
職業

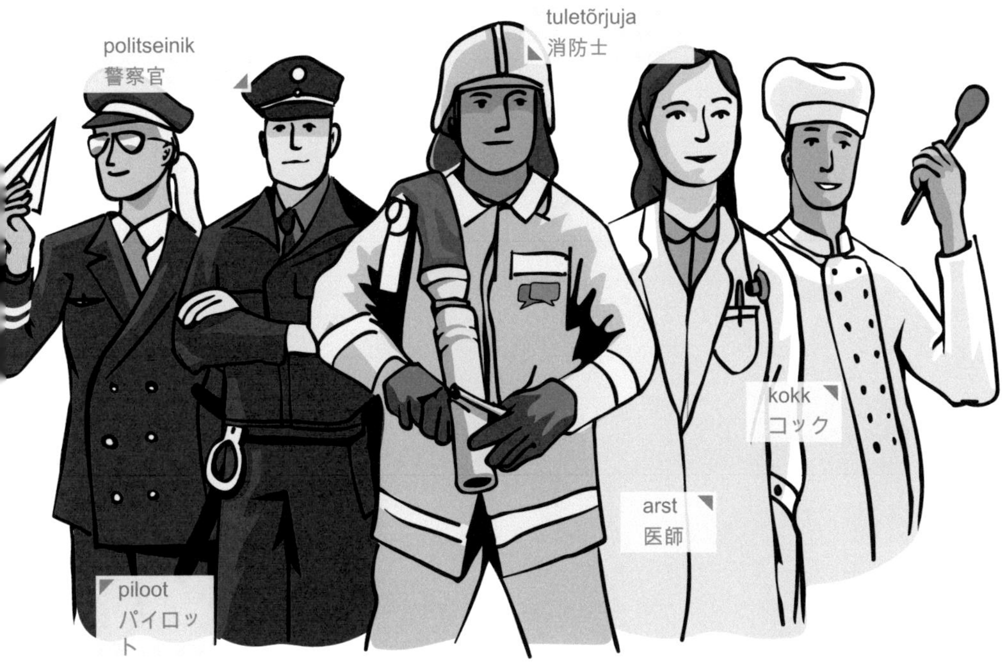
tuletõrjuja
消防士
politseinik
警察官
kokk
コック
arst
医師
piloot
パイロット

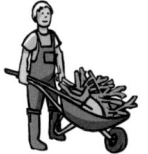

aednik

庭師

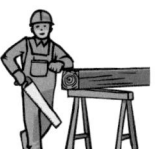

puusepp

大工

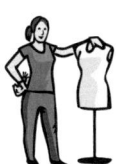

õmbleja

お針子

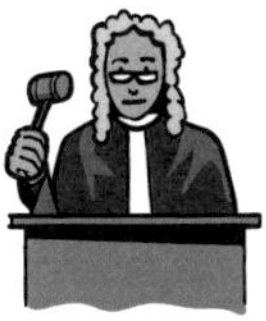

kohtunik

裁判官

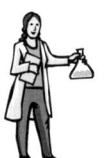

keemik

化学者

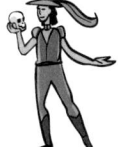

näitleja

俳優

bussijuht

バスの運転手

taksojuht

タクシー運転手

kalamees

漁師

koristaja

掃除婦

katusepaigaldaja

屋根ふき職人

kelner

ウェイター

jahimees

ハンター

maaler

塗装工

pagar

パン屋

elektrik

電気工

ehitaja

建設作業員

insener

エンジニア

lihunik

肉屋

torumees

配管工

postiljon

郵便配達人

sõdur

軍人

arhitekt

建築家

kassapidaja

レジ係

lillemüüja

花屋

juuksur

美容師

piletikontrolör

車掌

mehaanik

機械工

kapten

キャプテン

hambaarst

歯科医

teadlane

科学者

rabi

ラビ

imaam

イスラム導師

munk

修道士

preester

牧師

tööriistad
道具

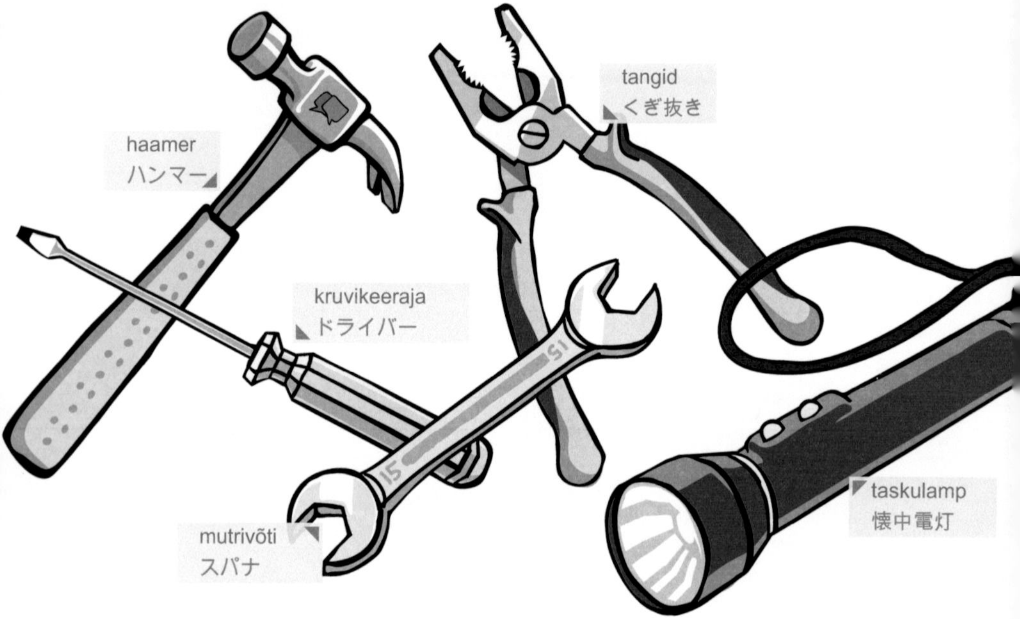

tangid
くぎ抜き
haamer
ハンマー
kruvikeeraja
ドライバー
taskulamp
懐中電灯
mutrivõti
スパナ

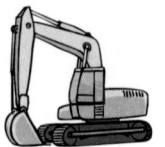

ekskavaator

掘削機

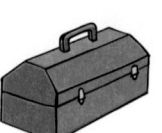

tööriistakast

道具箱

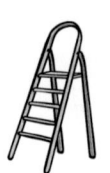

redel

はしご

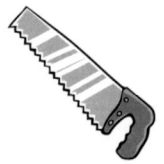

saag

のこぎり

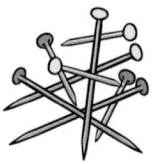

naelad

釘

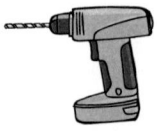

trell

ドリル

parandama

修理する

labidas

シャベル

Põrgusse!

クソ！

kühvel

ちりとり

värvipott

ペンキ缶

kruvid

ネジ

pillid

楽器

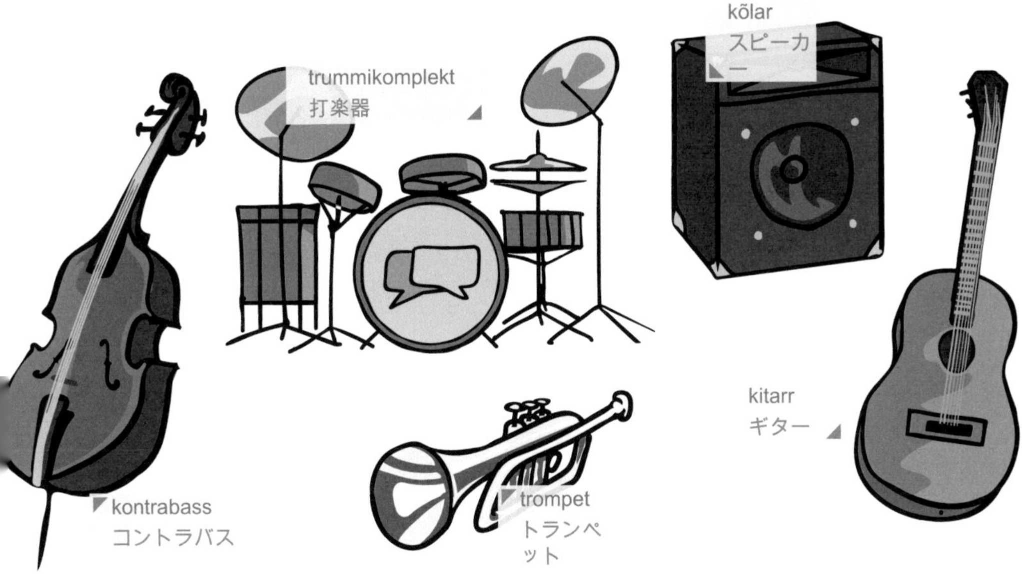

kõlar
スピーカー

trummikomplekt
打楽器

kitarr
ギター

kontrabass
コントラバス

trompet
トランペット

klaver

ピアノ

viiul

バイオリン

bass

バス

timpan

ティンパニ

trummid

ドラム

süntesaator

キーボード

saksofon

サックス

flööt

フルート

mikrofon

マイクロフォン

loomaaed
動物園

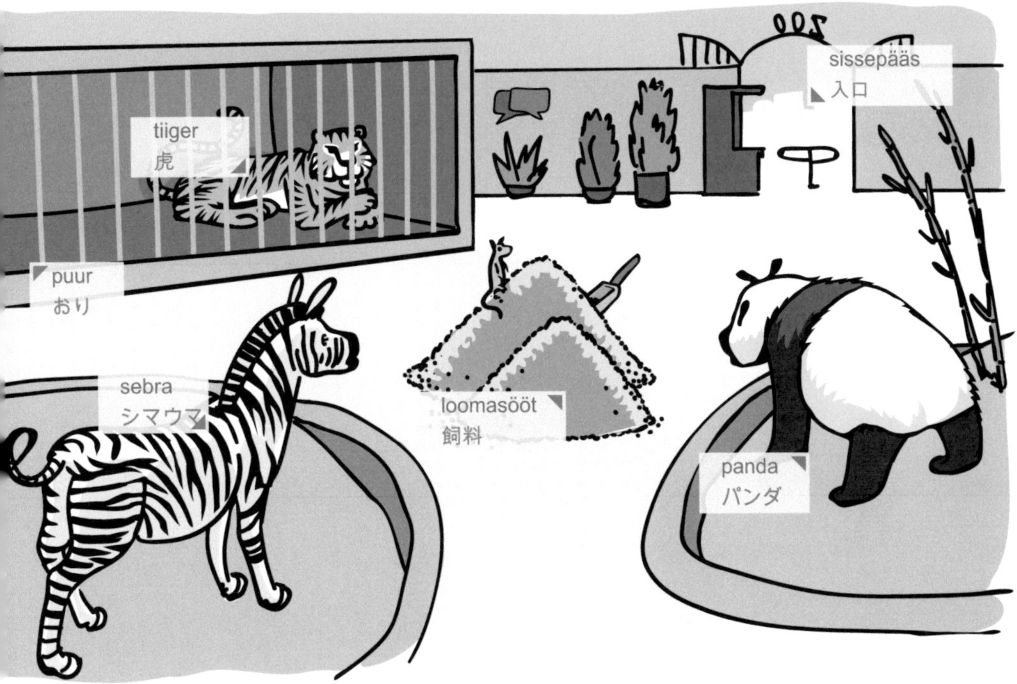
tiiger
虎
sissepääs
入口
puur
おり
sebra
シマウマ
loomasööt
飼料
panda
パンダ

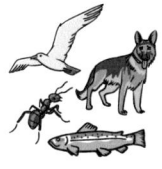

loomad
動物

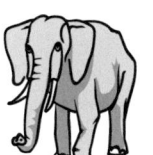

elevant
象

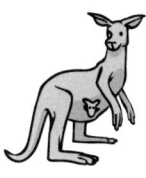

känguru
カンガルー

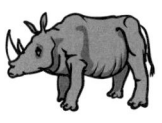

ninasarvik
サイ

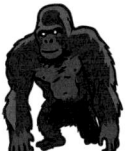

gorilla
ゴリラ

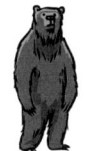

karu
熊

kaamel

ラクダ

jaanalind

ダチョウ

lõvi

ライオン

ahv

猿

flamingo

フラミンゴ

papagoi

オウム

jääkaru

白クマ

pingviin

ペンギン

hai

サメ

paabulind

クジャク

madu

蛇

krokodill

ワニ

loomaaiatalitaja

飼育係

hüljes

アザラシ

jaaguar

ジャガー

poni

ポニー

leopard

ヒョウ

jõehobu

カバ

kaelkirjak

キリン

kotkas

鷲

metssiga

雄豚

kala

魚

kilpkonn

亀

morsk

セイウチ

rebane

狐

gasell

ガゼル

Ameerika jalgpall
アメフト

jalgrattasõit
サイクリング

tennis
テニス

korvpall
バスケット
ボール

ujumine
水泳

jäähoki
アイスホ
ッケー

poksimine
ボクシング

jalgpall

サッカー

sulgpall

バドミントン

kergejõustik

陸上競技

käsipall

ハンドボール

suusatamine

スキー

polo

ポロ

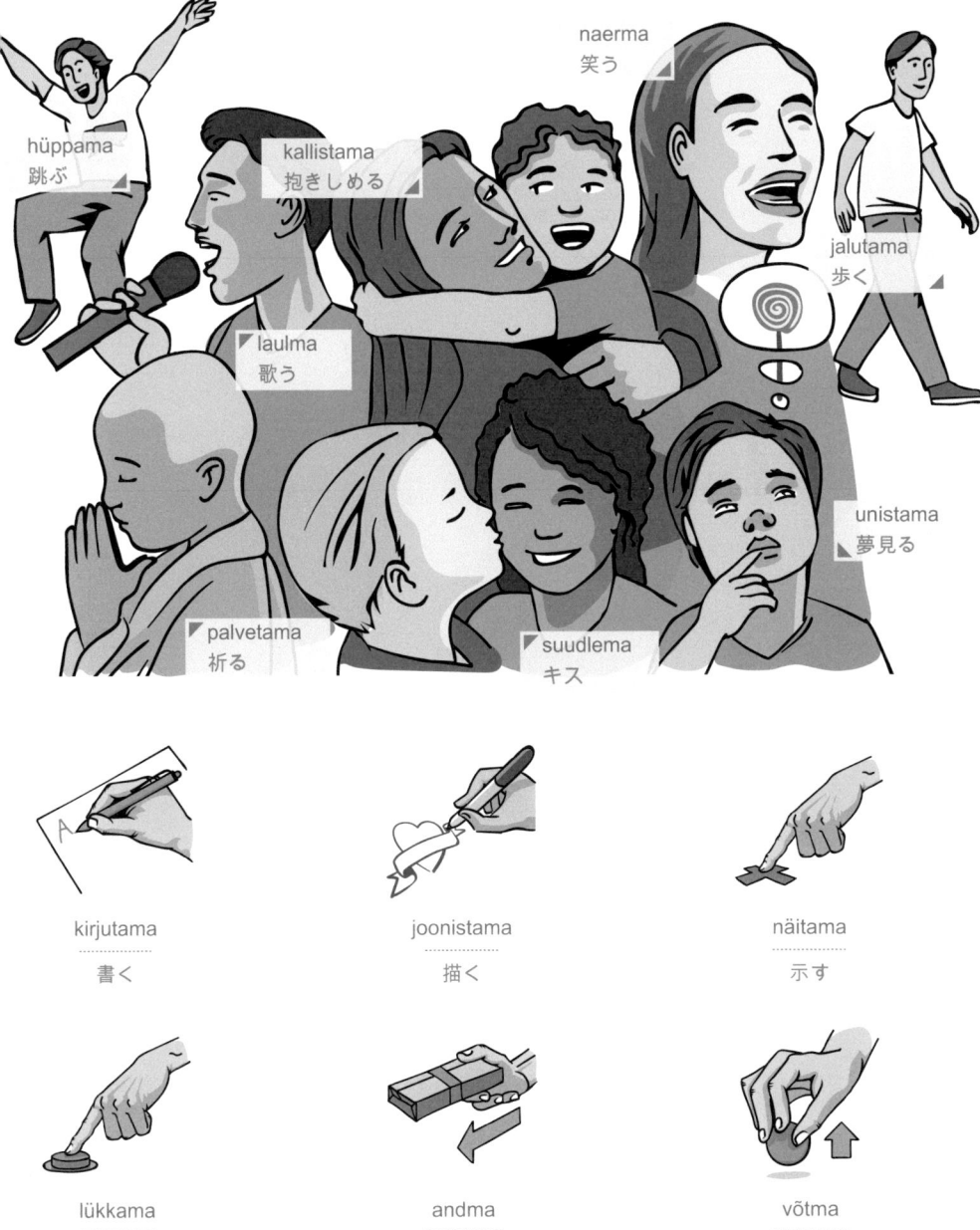

hüppama
跳ぶ

kallistama
抱きしめる

naerma
笑う

jalutama
歩く

laulma
歌う

unistama
夢見る

palvetama
祈る

suudlema
キス

kirjutama
書く

joonistama
描く

näitama
示す

lükkama
押す

andma
与える

võtma
取る

omama

持っている

tegema

する

olema

ある

seisma

立つ

jooksma

走る

tõmbama

引く

viskama

投げる

kukkuma

落ちる

lamama

横たわっている

ootama

待つ

kandma

運ぶ

istuma

座る

riidesse panema

着る

magama

眠る

ärkama

目が覚める

vaatama

見る

nutma

泣く

paitama

なでる

kammima

櫛ですく

rääkima

話す

aru saama

理解する

küsima

質問する

kuulama

聞く

jooma

飲む

sööma

食べる

korrastama

片づける

armastama

愛する

süüa tegema

料理する

sõitma

運転する

lendama

飛ぶ

purjetama

ヨットに乗る

arvutama

計算する

lugema

読む

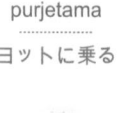

õppima

学ぶ

töötama

働く

abielluma

結婚する

õmblema

縫う

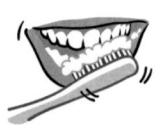

hambaid pesema

歯を磨く

tapma

殺す

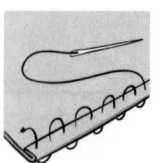

suitsetama

喫煙する

saatma

送る

perekond
家族

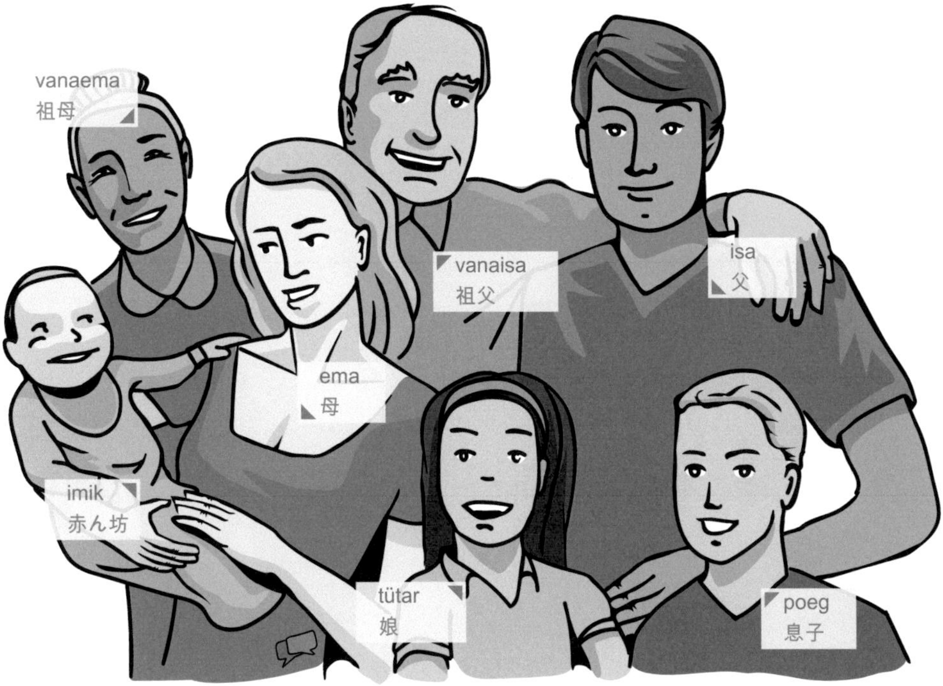

vanaema
祖母
vanaisa
祖父
isa
父
ema
母
imik
赤ん坊
tütar
娘
poeg
息子

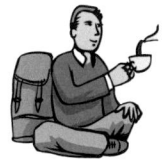

külaline

お客様

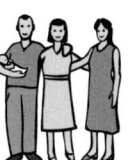

tädi

おば

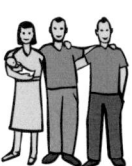

onu

おじ

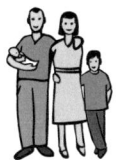

vend

兄弟

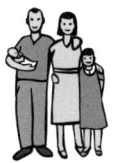

öde

姉妹

keha

体

otsmik
ひたい
silm
目
õlg
肩
sõrm
指
nägu
顔
lõug
あご
käsi
手
rind
胸
jalg
脚
käsivars
腕

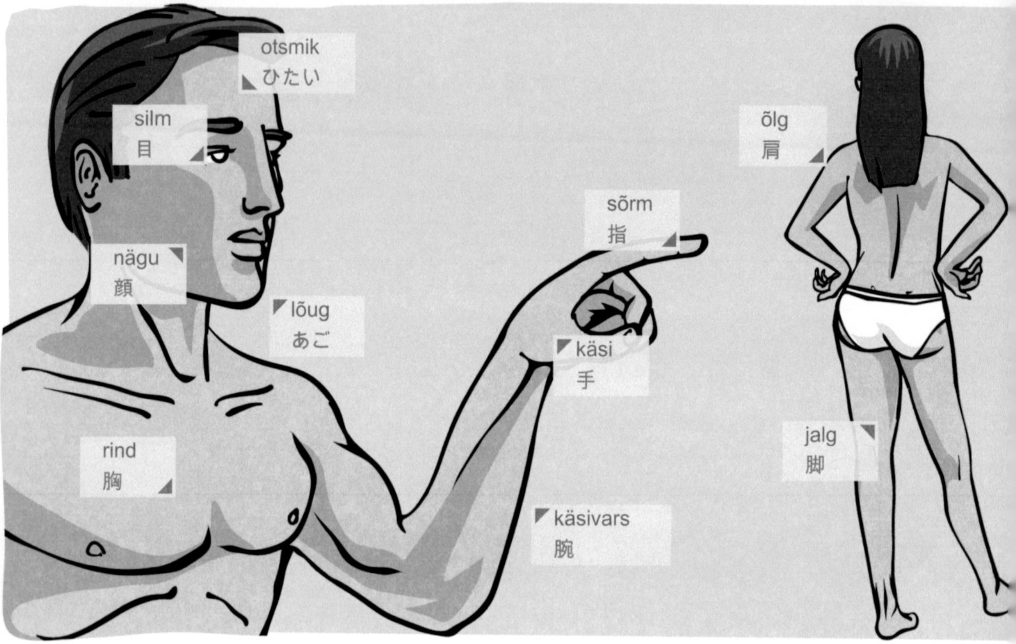

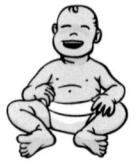

imik

赤ん坊

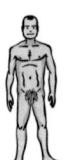

mees

男性

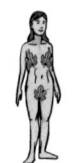

naine

女性

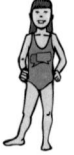

tüdruk

少女

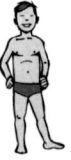

poiss

少年

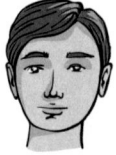

pea

頭

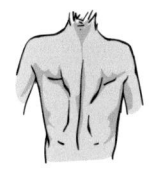

selg

背中

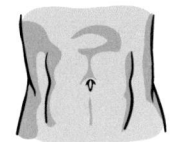

kõht

腹

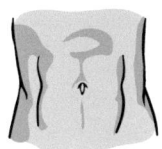

naba

へそ

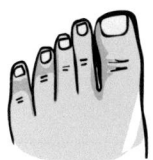

varvas

足指

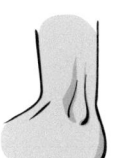

kand

かかと

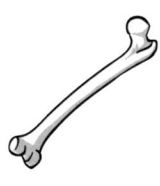

luu

骨

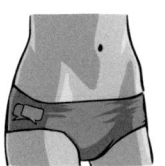

puus

腰

põlv

ひざ

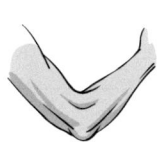

küünarnukk

ひじ

nina

鼻

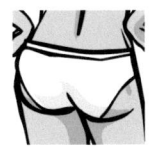

tagumik

尻

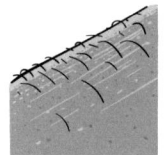

nahk

皮膚

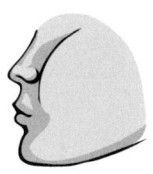

põsk

頬

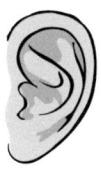

kõrv

耳

huuled

唇

suu

口

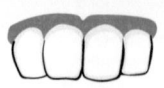

hammas

歯

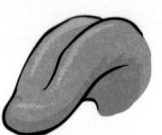

keel

舌

aju

脳

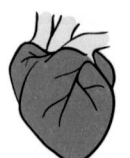

süda

心臓

lihas

筋肉

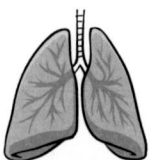

kops

肺

maks

肝臓

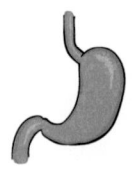

magu

胃

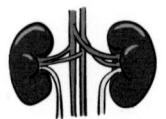

neerud

腎臓

seksuaalvahekord

セックス

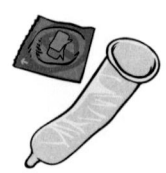

kondoom

コンドーム

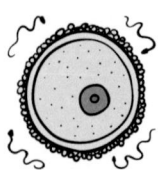

munarakk

卵細胞

sperma

精液

rasedus

妊娠

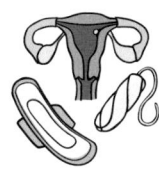

menstruatsioon

月経

vagiina

膣

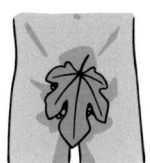

peenis

ペニス

kulm

眉

juuksed

髪

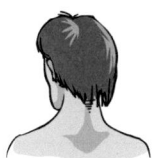

kael

首

haigla
病院

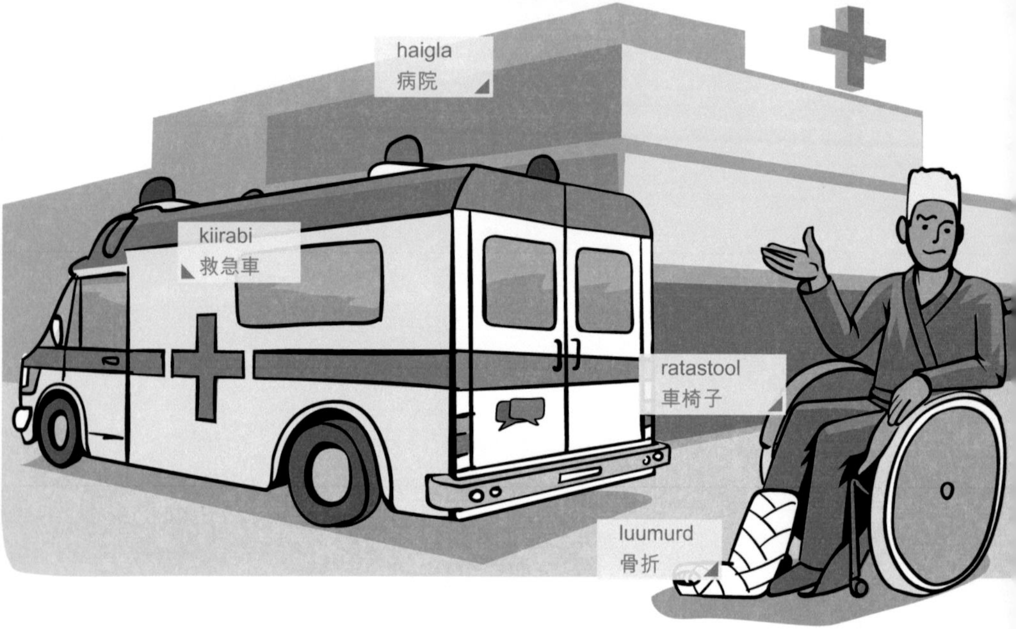

haigla
病院
kiirabi
救急車
ratastool
車椅子
luumurd
骨折

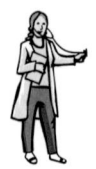

arst

医師

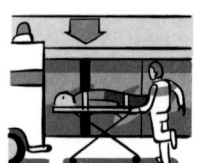

traumapunkt

救急治療室

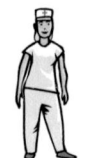

meditsiiniõde

看護師

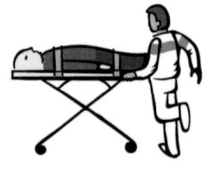

hädaolukord

救急

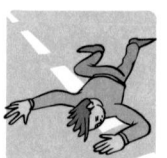

teadvuseta

失神

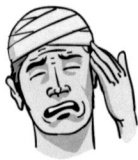

valu

痛み

vigastus

けが

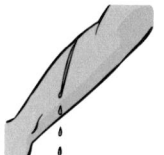

verejooks

出血

südamerabandus

心臓発作

insult

脳卒中

allergia

アレルギー

köha

咳

palavik

熱

gripp

インフルエンザ

kõhulahtisus

下痢

peavalu

頭痛

vähk

癌

diabeet

糖尿病

kirurg

外科医

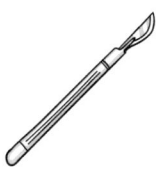

skalpell

外科用メス

operatsioon

手術

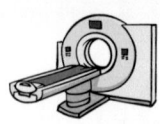

KT
CT

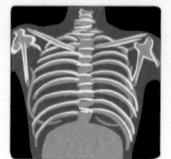

röntgen
レントゲン

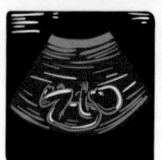

ultraheli
超音波

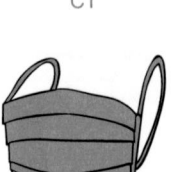

mask
マスク

haigus
病気

ooteruum
待合室

kark
松葉づえ

kips
ばんそうこう

side
包帯

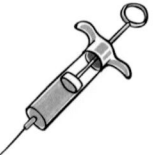

süst
注射

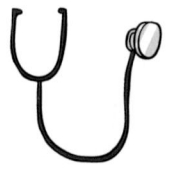

stetoskoop
聴診器

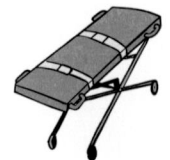

kanderaam
担架

kraadiklaas
体温計

sünd
出産

ülekaaluline
肥満

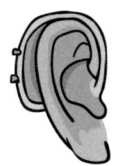

kuuldeaparaat

補聴器

desinfektsioonivahend

消毒剤

põletik

感染

viirus

ウイルス

HIV / AIDS

HIV / エイズ

meditsiin

内服薬

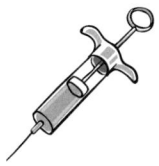

vaktsineerimine

予防接種

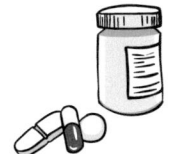

tabletid

錠剤

pill

ピル

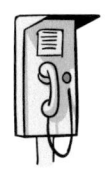

hädaabikõne

緊急電話

vererõhuaparaat

血圧計

haige / terve

病気の　/　健康な

Appi!

助けて！

häire

アラーム

kallaletung

暴行

rünnak

攻撃

oht

危険

avariiväljapääs

非常口

Tulekahju!

火事だ！

tulekustuti

消火器

õnnetus

事故

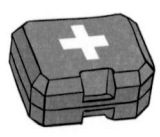

esmaabikomplekt

救急箱

SOS

SOS

politsei

警察

Euroopa

ヨーロッパ

Põhja-Ameerika

北米

Lõuna-Ameerika

南米

Aafrika

アフリカ

Aasia

アジア

Austraalia

オーストラリア

Atlandi ookean

大西洋

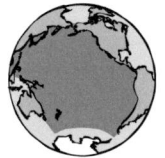

Vaikne ookean

太平洋

India ookean

インド洋

Lõuna-Jäämeri

南極海

Põhja-Jäämeri

北極海

põhjapoolus

北極

lõunapoolus

南極

Antarktika

南極大陸

Maa

地球

maismaa

陸

meri

海

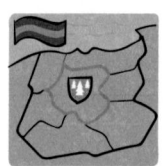

saar

島

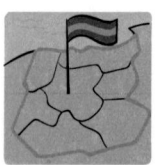

rahvus

国家

riik

国家

sihverplaat

文字盤

tunniosuti

短針

minutiosuti

長針

sekundiosuti

秒針

Mis kell on?

何時ですか？

päev

日

aeg

時間

praegu

現在

digitaalne kell

デジタル時計

minut

分

tund

時間

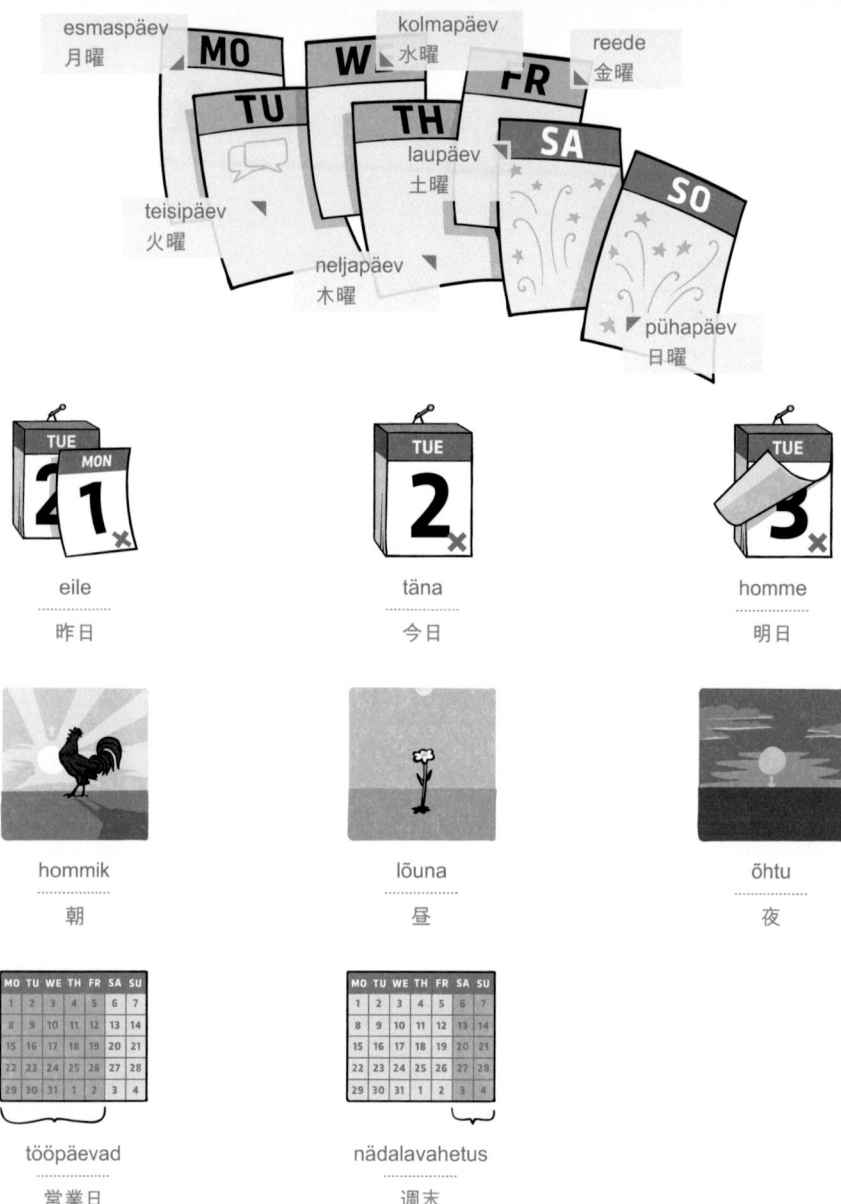

esmaspäev 月曜
kolmapäev 水曜
reede 金曜
teisipäev 火曜
neljapäev 木曜
laupäev 土曜
pühapäev 日曜

eile
昨日

täna
今日

homme
明日

hommik
朝

lõuna
昼

õhtu
夜

tööpäevad
営業日

nädalavahetus
週末

vihm
雨

vikerkaar
虹

tuul
風

lumi
雪

kevad
春

suvi
夏

sügis
秋

talv
冬

ilmaennustus

天気予報

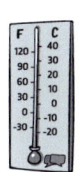

termomeeter

温度計

päikesepaiste

日差し

pilv

雲

udu

霧

niiskus

湿度

pikne

雷

kõu

雷

torm

嵐

rahe

ひょう

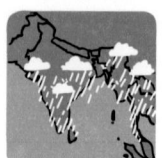

mussoon

季節風

üleujutus

洪水

jää

氷

jaanuar

1月

veebruar

2月

märts

3月

aprill

4月

mai

5月

juuni

6月

juuli

7月

august

8月

september

9月

oktoober

10月

november

11月

detsember

12月

ring

円

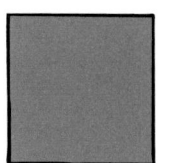

ruut

正方形

nelinurk

長方形

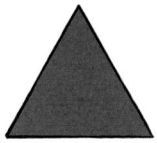

kolmnurk

三角

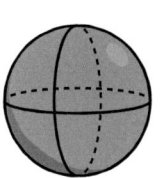

kera

球

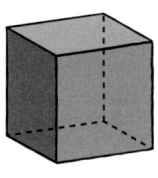

kuup

立方体

valge

白

kollane

黄

oranž

オレンジ

roosa

ピンク

punane

赤

lilla

紫

sinine

青

roheline

緑

pruun

茶

hall

灰色

must

黒

palju / vähe

多い / 少ない

vihane / rahulik

怒っている /
落ち着いている

ilus / inetu

美しい / 醜い

algus / lõpp

初め / 終わり

suur / väike

大きい / 小さい

hele / tume

明るい / 暗い

vend / õde

兄弟 / 姉妹

puhas / must

清潔な / 汚い

täielik / puudulik

完全な / 不完全な

päev / öö

日中 / 夜

surnud / elus

死んだ / 生きている

lai / kitsas

幅広い / 狭い

söödav / mittesöödav

食べられる /
食べられない

kuri / sõbralik

悪意のある / 親切な

põnevil / tüdinud

興奮している /
退屈している

paks / peenike

太った / 痩せた

esimene / viimane

最初に / 最後に

sõber / vaenlane

友人 / 敵

täis / tühi

いっぱいの / 空の

kõva / pehme

硬い / 柔らかい

raske / kerge

重い / 軽い

nälg / janu

空腹 / 喉の渇き

haige / terve

病気の / 健康な

ebaseaduslik / seaduslik

違法な / 合法な

tark / rumal

賢い / 愚かな

vasak / parem

左に / 右に

lähedal / kaugel

近い / 遠い

vastandid - 反対

uus / kasutatud

新しい / 中古の

mitte midagi / midagi

何もない / 何かある

vana / noor

老いた / 若い

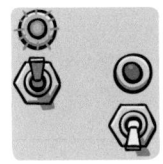

sees / väljas

オン / オフ

lahti / kinni

開いている /
閉まっている

vaikne / vali

静かな / うるさい

rikas / vaene

裕福な / 貧乏な

õige / vale

正しい / 間違っている

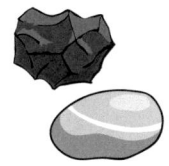

kare / sile

粗い / なめらか

kurb / rõõmus

悲しい / 幸せな

lühike / pikk

短い / 長い

aeglane / kiire

ゆっくり / 速い

märg / kuiv

濡れた / 乾いた

soe / jahe

温かい / 冷たい

sõda / rahu

戦争 / 平和

0

null

ゼロ

1

üks

1

2

kaks

2

3

kolm

3

4

neli

4

5

viis

5

6

kuus

6

7

seitse

7

8

kaheksa

8

9

üheksa

9

10

kümme

10

11

üksteist

11

12

kaksteist

12

13

kolmteist

13

14

neliteist

14

15

viisteist

15

16

kuusteist

16

17

seitseteist

17

18

kaheksateist

18

19

üheksateist

19

20

kakskümmend

20

100

sada

100

1.000

tuhat

1000

1.000.000

miljon

100万

inglise

英語

Ameerika inglise

アメリカ英語

mandariini

中国標準語

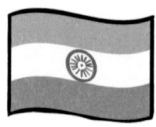

hindi

ヒンディー語

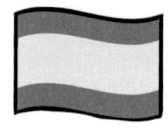

hispaania

スペイン語

prantsuse

フランス語

araabia

アラビア語

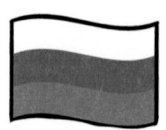

vene

ロシア語

portugali

ポルトガル語

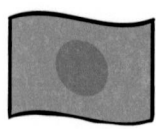

bengali

ベンガル語

saksa

ドイツ語

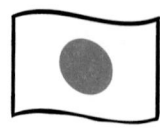

jaapani

日本語

mina

私

sina

あなた

tema

彼 / 彼女 / それ

meie

私たち

teie

あなたたち

nemad

彼ら

kes?

誰？

mis?

何？

kuidas?

どうやって？

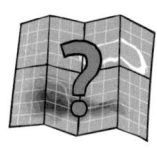

kus?

どこ？

millal?

いつ？

nimi

名前

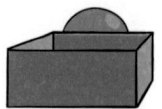

taga

後ろ

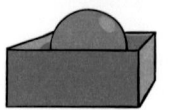

sees

中

ees

前

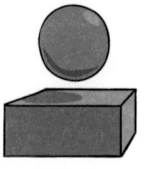

kohal

上

peal

上

all

下

kõrval

横

vahel

間

koht

場所